AF221996

Impressum
Verlag: BABADADA GmbH, Nedderfeld 112 , 22529 Hamburg
Geschäftsführer / Verlagsleitung: Harald Hof
Druck: Books on Demand GmbH, In de Tarpen 42, 22848 Norderstedt

Imprint
Publisher: BABADADA GmbH, Nedderfeld 112 , 22529 Hamburg, Germany
Managing Director / Publishing direction: Harald Hof
Print: Books on Demand GmbH, In de Tarpen 42, 22848 Norderstedt

škola
el colegio

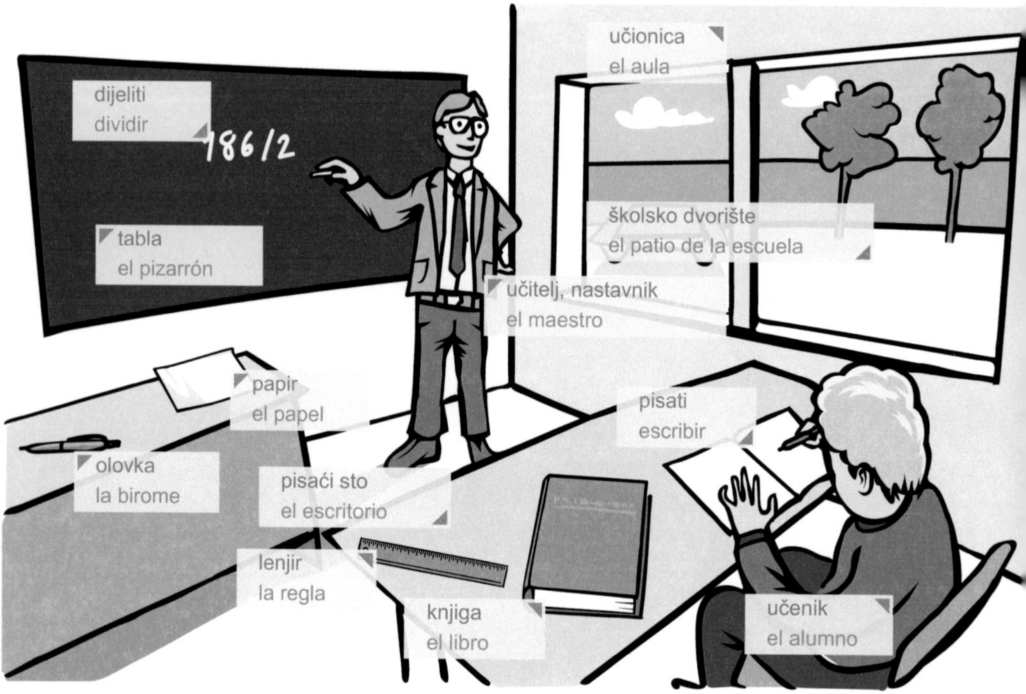

učionica
el aula
dijeliti
dividir
186/2
tabla
el pizarrón
školsko dvorište
el patio de la escuela
učitelj, nastavnik
el maestro
papir
el papel
pisati
escribir
olovka
la birome
pisaći sto
el escritorio
lenjir
la regla
knjiga
el libro
učenik
el alumno

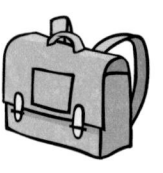

torba
la mochila

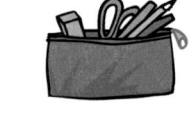

pernica
la caja de lápices

drvena olovka
el lápiz

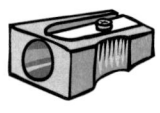

šiljalo za olovke
el sacapuntas

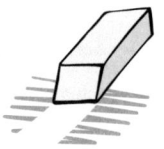

gumica
la goma (de borrar)

blok za crtanje
el bloc de dibujo

crtež
el dibujo

kist
el pincel

kutija s bojama
la caja de pinturas

makaze
la tijera

ljepilo
el pegamento

vježbanka
el cuaderno de ejercicios

domaća zadaća
la tarea

broj
el número

sabirati
sumar

oduzimati
restar

množiti
multiplicar

računati
calcular

slovo
la letra

abeceda
el abecedario

riječ
la palabra

tekst

el texto

čitati

leer

kreda

la tiza

sat

la lección

školski dnevnik

el cuaderno de clase

ispit

el examen

svjedočanstvo

el certificado

školska uniforma

el uniforme escolar

izobrazba

la educación

leksikon

la enciclopedia

univerzitet

la universidad

mikroskop

el microscopio

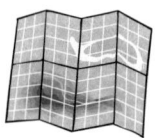

karta

el mapa

korpa za papir

el tacho (de basura)

putovanje
el viaje

hotel
el hotel
Grand
hostel
el hostel
ROOMS
mjenjačnica
la casa de cambio
CHANGE
kofer
la valija
auto
el auto

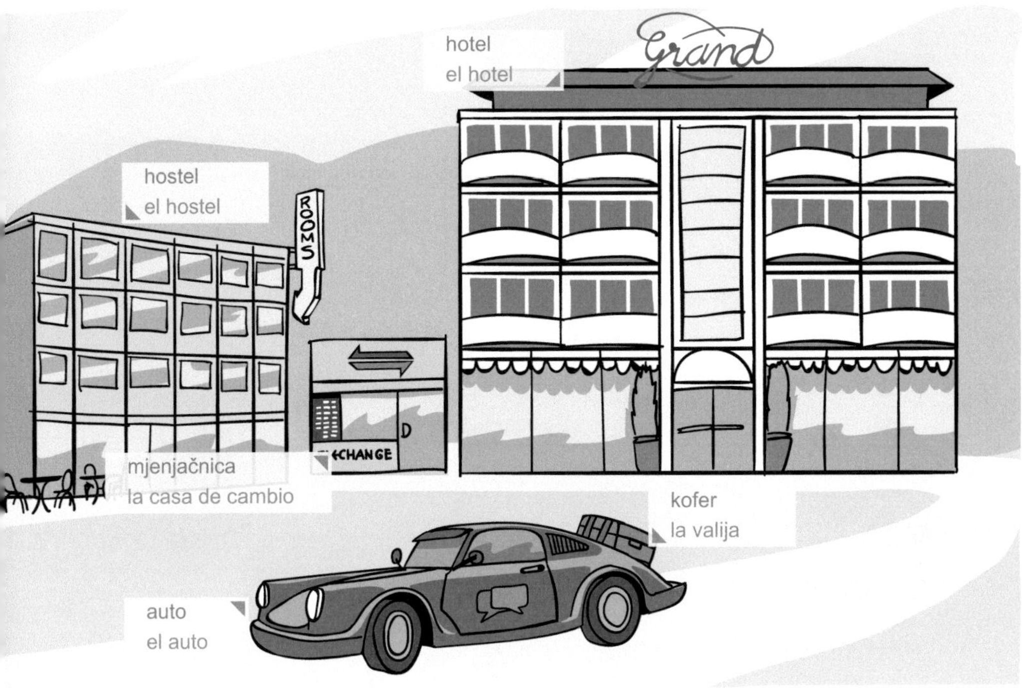

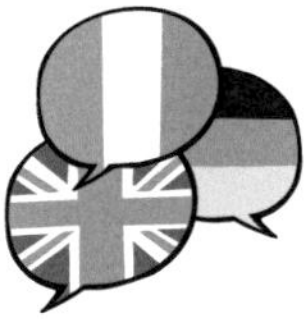

jezik

el idioma

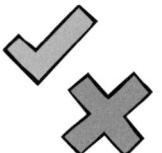

da / ne

sí / no

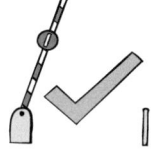

okej

Está bien

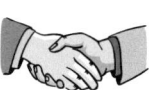

zdravo

hola

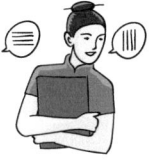

tumač

el traductor

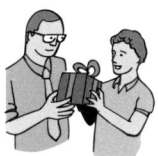

hvala

Gracias

Koliko košta...?

¿cuánto cuesta…?

Ne razumijem

No entiendo

problem

el problema

dobro veče!

¡Buenas tardes!

Dobro jutro!

¡Buenos días!

Laku noć!

¡Buenas noches!

doviđenja

el adiós

smjer

la dirección

prtljag

el equipaje

torba

el bolso

ruksak

la mochila

gost

el invitado

soba

la habitación

vreća za spavanje

la bolsa de dormir

šator

la carpa

turističke informacije

la información turística

plaža

la playa

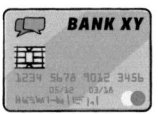

kreditna kartica

la tarjeta de crédito

doručak

el desayuno

ručak

el almuerzo

večera

la cena

putna karta

el pasaje

lift

el ascensor

poštanska markica

el sello

granica

la frontera

carina

la aduana

ambasada

la embajada

viza

la visa

pasoš

el pasaporte

transport
el transporte

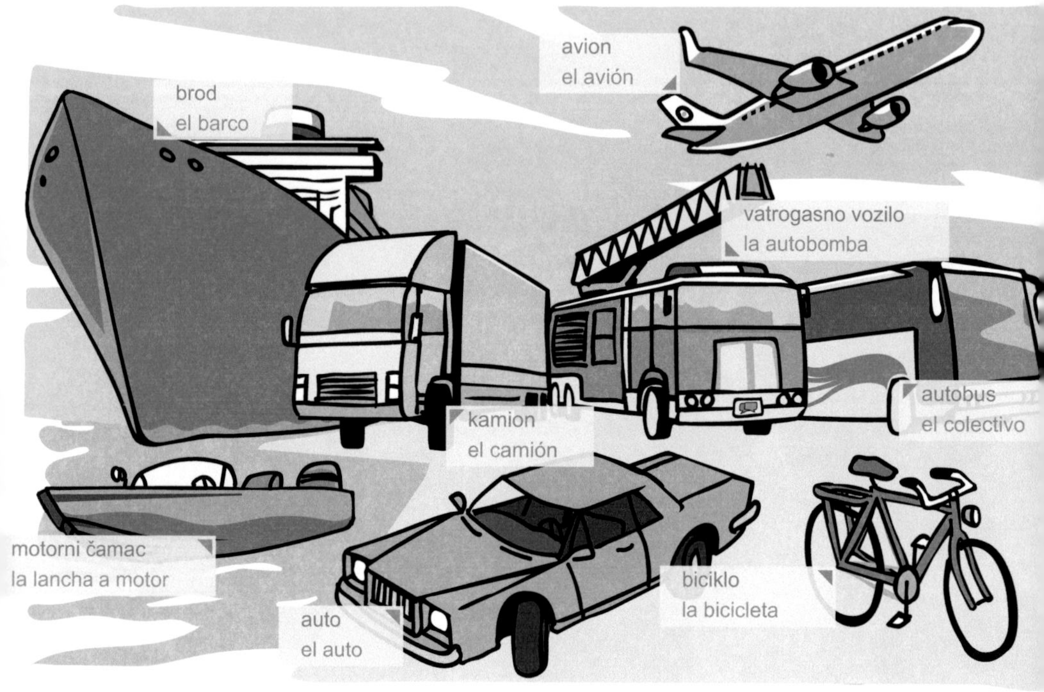

avion
el avión
brod
el barco
vatrogasno vozilo
la autobomba
autobus
el colectivo
kamion
el camión
motorni čamac
la lancha a motor
biciklo
la bicicleta
auto
el auto

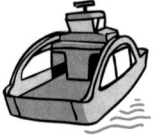

trajekt
el ferry

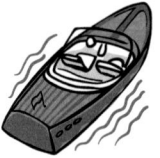

brod
el bote

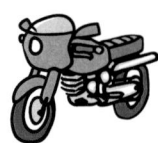

motocikl
la moto

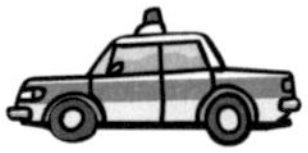

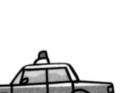

policijski automobil
el patrullero

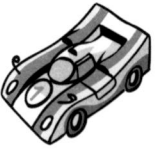

trkaći automobil
el auto de carreras

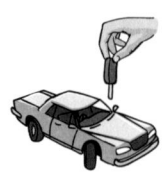

unajmljeni automobil
el auto de alquiler

kar-šering

el alquiler de autos

pauk

la grúa

smećarsko vozilo

el camión de la basura

motor

el motor

gorivo

la nafta

benzinska pumpa

la estación de servicio

saobraćajni znak

la señal de tránsito

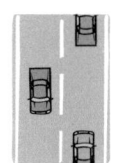

saobraćaj

el tránsito

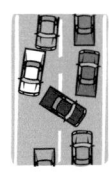

zastoj

el embotellamiento

parking

el estacionamiento

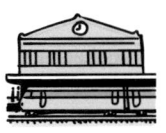

željeznička stanica

la estación de tren

šine

las vías

voz

el tren

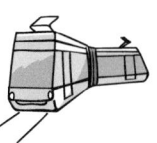

tramvaj

el tranvía

vagon

el vagón

helikopter

el helicóptero

aerodrom

el aeropuerto

toranj

la torre

putnik

el pasajero

kontejner

el contenedor

karton

la caja de cartón

tačke

la carretilla

korpa

la canasta

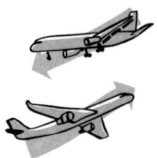

poletjeti / sletjeti

despegar / aterrizar

grad

la ciudad

selo

el pueblo

centar grada

el centro de la ciudad

kuća

la casa

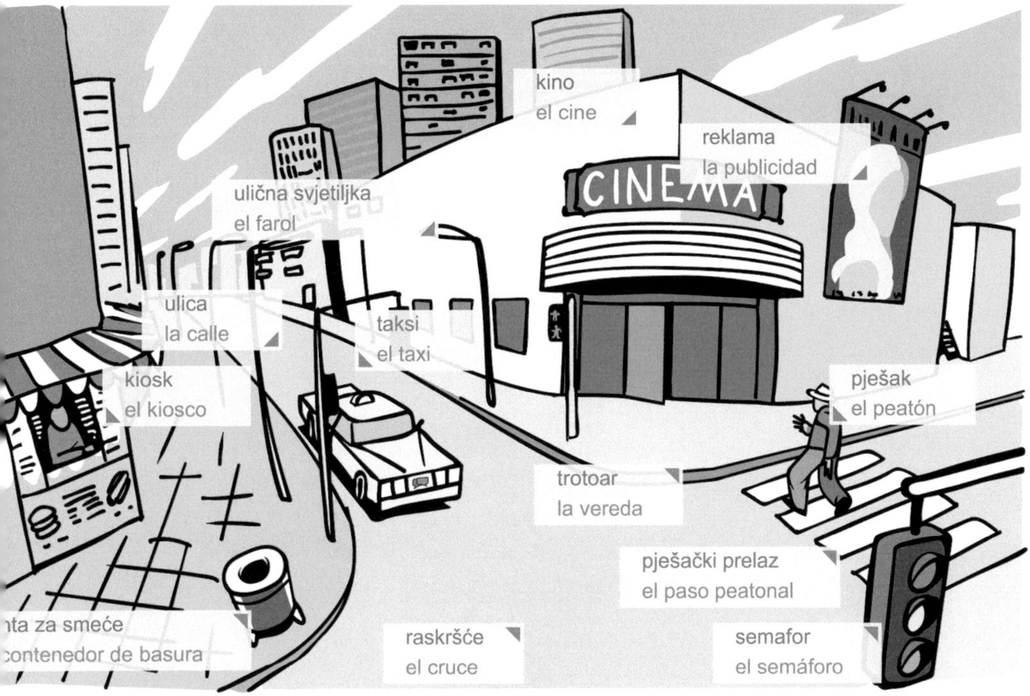

kino
el cine
reklama
la publicidad
CINEMA
ulična svjetiljka
el farol
ulica
la calle
taksi
el taxi
kiosk
el kiosco
pješak
el peatón
trotoar
la vereda
pješački prelaz
el paso peatonal
nta za smeće
contenedor de basura
raskršće
el cruce
semafor
el semáforo

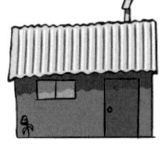

koliba

la cabaña

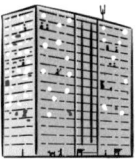

stan

el departamento

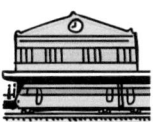

željeznička stanica

la estación de tren

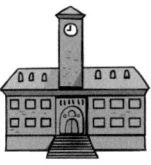

vjećnica

la municipalidad

MUSEUM

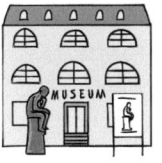

muzej

el museo

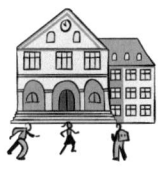

škola

el colegio

univerzitet

la universidad

banka

el banco

bolnica

el hospital

hotel

el hotel

apoteka

la farmacia

ured

la oficina

knjižara

la librería

radnja

el negocio

cvjećara

la florería

supermarket

el supermercado

pijaca

el mercado

robna kuća

las grandes tiendas

prodavač ribe

la pescadería

trgovački centar

el centro comercial

luka

el puerto

park

el parque

klupa

el banco

most

el puente

stepenice

las escaleras

podzemna željeznica

el subte

tunel

el túnel

autobuska stanica

la parada del colectivo

bar

el bar

restoran

el restaurante

poštanski sandučić

el buzón

saobraćajni znak

el letrero

sat za naplatu parkinga

el parquímetro

zološki vrt

el zoológico

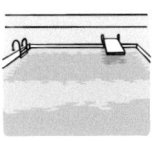

bazen

la pileta

džamija

la mezquita

seosko imanje
la granja

zagađenje okoline
la contaminación

groblje
el cementerio

crkva
la iglesia

igralište
los juegos infantiles

hram
el templo

krajolik
el paisaje

list
la hoja

putokaz
el poste indicador

putokaz
el camino

livada
la pradera

kamen
la piedra

drvo
el árbol

putnik
el excursionista

rijeka
el río

trava
la hierba

cvijet
la flor

dolina

el valle

brdo

la montaña

jezero

el lago

šuma

el bosque

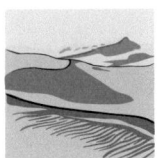

pustinja

el desierto

vulkan

el volcán

dvorac

el castillo

duga

el arco iris

gljiva

el champiñón

palma

la palmera

komarac

el mosquito

muha

la mosca

mrav

la hormiga

pčela

la abeja

pauk

la araña

buba
el escarabajo

žaba
la rana

vjeverica
la ardilla

jež
el erizo

zec
la liebre

sova
la lechuza

ptica
el pájaro

labud
el cisne

divlja svinja
el jabalí

jelen
el ciervo

los
el alce

brana
la presa

vjetrenjača
el aerogenerador

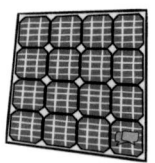

solarni modul
el panel solar

klima
el clima

restoran

el restaurante

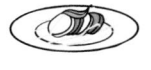

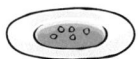

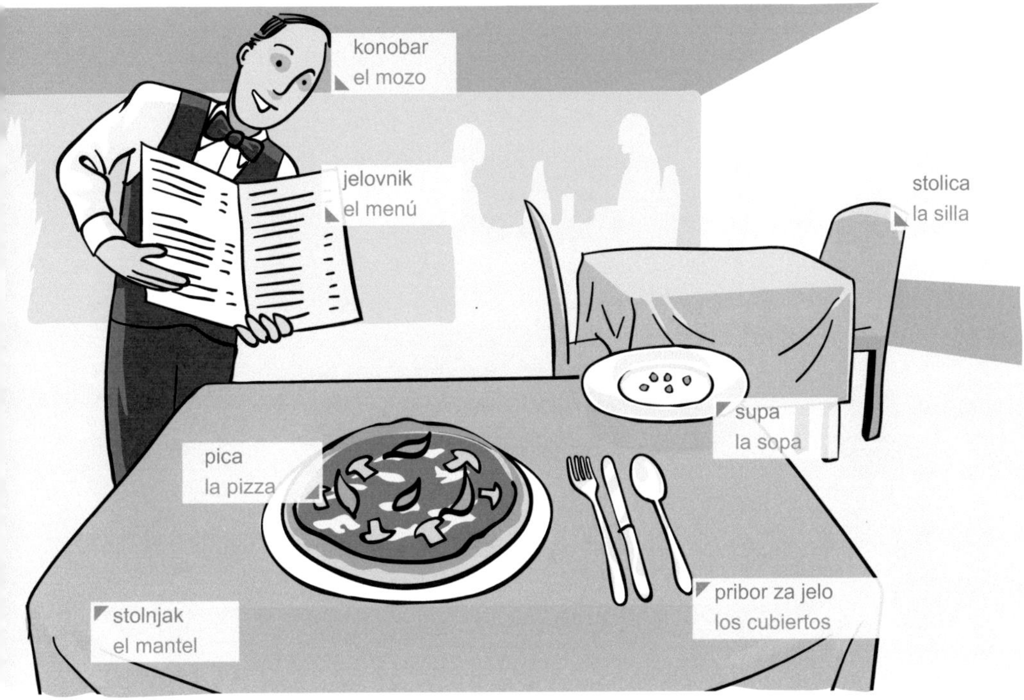
konobar
el mozo
jelovnik
el menú
stolica
la silla
supa
la sopa
pica
la pizza
pribor za jelo
los cubiertos
stolnjak
el mantel

predjelo

la entrada

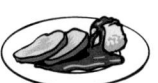

glavno jelo

el plato principal

desert

el postre

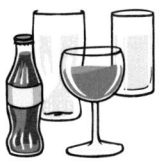

piće

las bebidas

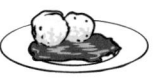

jelo

la comida

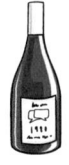

flaša

la botella

brza hrana

la comida rápida

jelo sa ulice

la comida callejera

čajnik

la tetera

šećernica

la azucarera

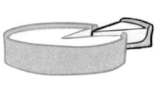

porcija

la porción

mašina za espreso

la cafetera expreso

barska stolica

la sillita alta

račun

la cuenta

tacna

la bandeja

nož

el cuchillo

viljuška

el tenedor

kašika

la cuchara

kašičica

la cucharita

salveta

la servilleta

čaša

el vaso

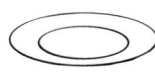

tanjir

el plato

tanjir za supu

el plato hondo

tanjurić

el plato

sos

la salsa

solanik

el salero

mlin za biber

el molinillo de pimienta

sirće

el vinagre

ulje

el aceite

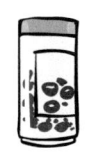

začini

las especias

kečap

el kétchup

senf

la mostaza

majoneza

la mayonesa

ponuda
la oferta especial

klijent
el cliente

mliječni proizvodi
los lácteos

voće
la fruta

kolica za kupovinu
el changuito

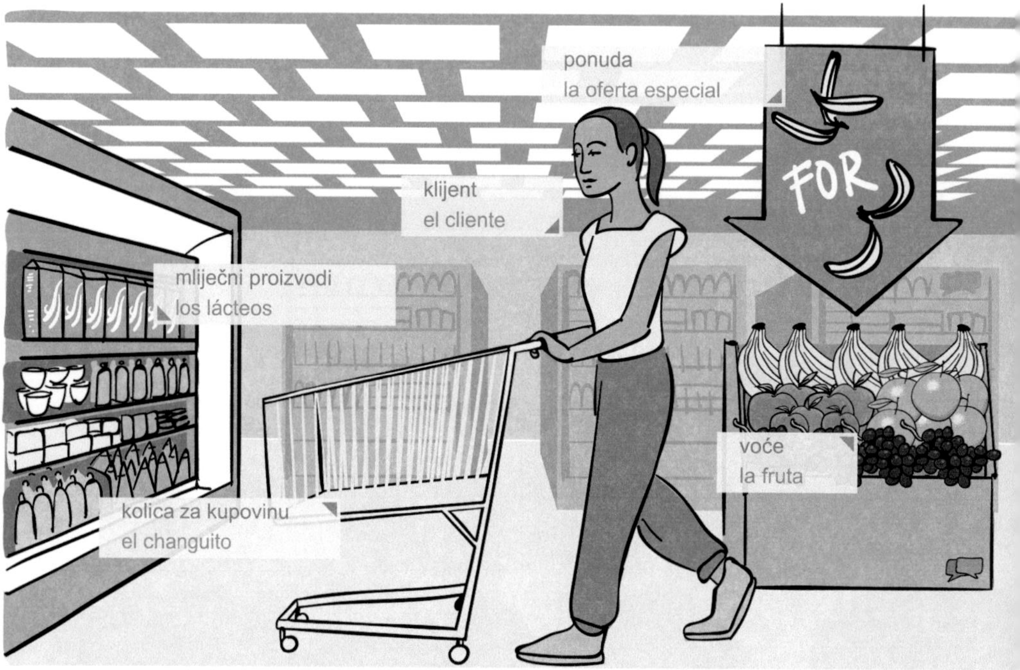

mesnica- klaonica

la carnicería

pekara

la panadería

vagati

pesar

povrće

las verduras

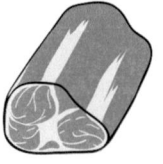

meso

la carne

zaleđena hrana

los alimentos congelados

narezak

los fiambres

konzerve

los alimentos enlatados

prašak za veš

el detergente en polvo

slatkiši

las golosinas

kućanski proizvodi

los electrodomésticos

sredstvo za čišćenje

los productos de limpieza

prodavačica

la vendedora

kasa

la caja

blagajnik

el cajero

lista za kupovinu

la lista de compras

radno vrijeme

el horario de atención

novčanik

la billetera

kreditna kartica

la tarjeta de crédito

torba

la cartera

najlonska vrećica

la bolsa de plástico

piće
las bebidas

voda

el agua

sok

el jugo

mlijeko

la leche

kola

la bebida cola

vino

el vino

pivo

la cerveza

alkohol

el alcohol

kakao

el cacao

čaj

el té

kafa

el café

espreso

el café expreso

kapućino

el cappuccino

banana
la banana

jabuka
la manzana

narandža
la naranja

lubenica
el melón

limun
el limón

mrkva
la zanahoria

bijeli luk
el ajo

bambus
el bambú

crveni luk
la cebolla

gljiva
el champiñón

orašasti plodovi
las nueces

pasta
los fideos

špagete

los tallarines

riža

el arroz

salata

la ensalada

pomfrit

las papas fritas

pečeni krompir

las papas fritas

pica

la pizza

hamburger

la hamburguesa

sendvič

el sándwich

šnicla

el churrasco

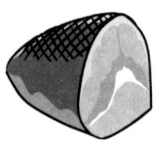

šunka

el jamón

kobasica

el salame

kobasica

la salchicha

kokoš

el pollo

pečenje

el asado

riba

el pescado

zobene pahuljice

los copos de avena

muzli

el muesli

kornfleks

los copos de maíz

brašno

la harina

kroason

la medialuna

zemičke

el pancito

kruh

el pan

tost

la tostada

keksi

las galletitas

maslac

la manteca

svježi sir

la cuajada

kolač

la torta

jaje

el huevo

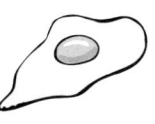

jaje na oko

el huevo frito

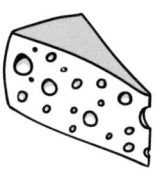

sir

el queso

sladoled

el helado

šećer

el azúcar

med

la miel

marmelada

la mermelada

nugat krema

la pasta de chocolate

kuri

el curry

seosko imanje
la granja

seoska kuća
la granja
sjenik
el granero
bale sjena
el fardo de paja
polje
el campo
konj
el caballo
prikolica
el remolque
traktor
el tractor
ždrijebe
el potrillo
magarac
el burro
ovca
la oveja
jagnje
el cordero

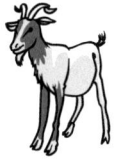

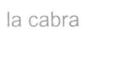

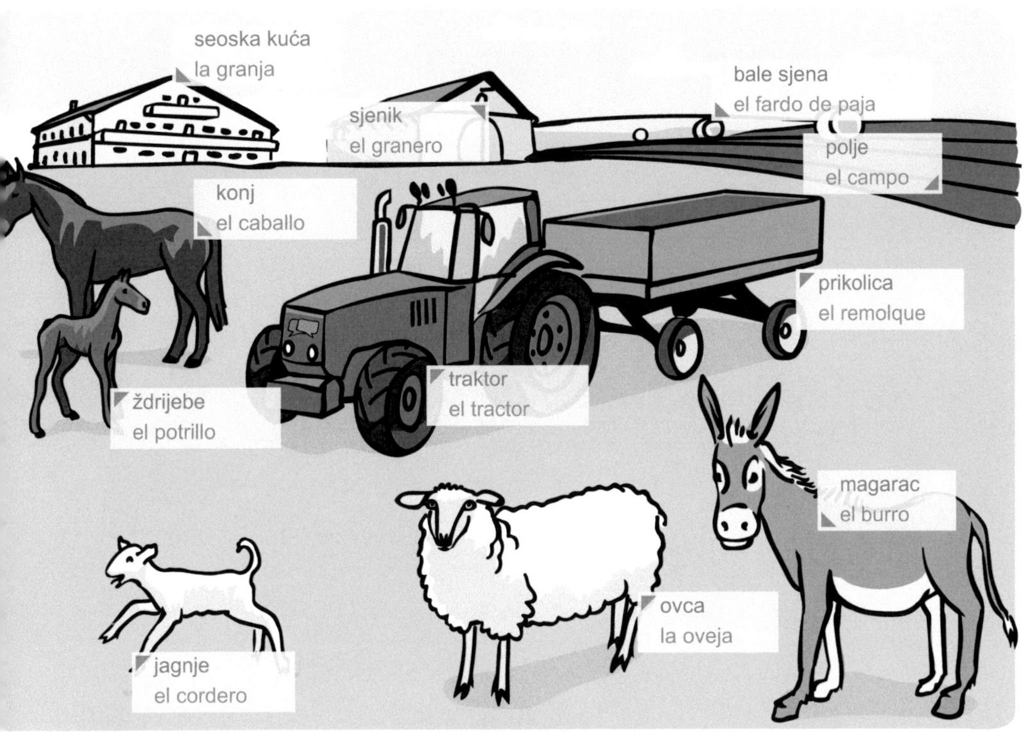

koza

la cabra

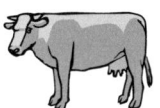

krava

la vaca

tele

el ternero

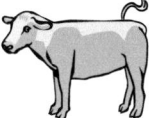

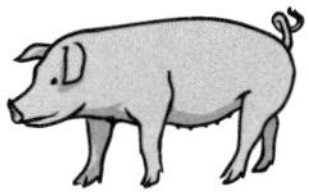

svinja

el cerdo

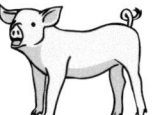

prase

el lechón

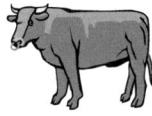

bik

el toro

guska

el ganso

patka

el pato

pile

el pollo

kokoška

la gallina

pjetao

el gallo

pacov

la rata

mačka

el gato

miš

el ratón

vol

el buey

pas

el perro

pseća kućica

la cucha

crijevo za baštu

la manguera

kanta za zalijevanje

la regadera

kosa

la guadaña

plug

el arado

srp
la hoz

motika
la azada

vile
la horquilla

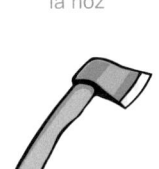

sjekira
el hacha

tačke
la carretilla

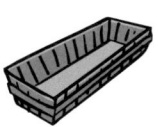

korito
el abrevadero

bokal za mlijeko
la lechera

vreća
la bolsa

ograda
la reja

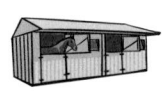

štala
el establo

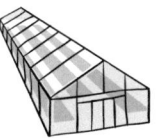

staklenik
el invernadero

tlo
el suelo

sjeme
la semilla

đubrivo
el fertilizador

kombajn
la cosechadora

seosko imanje - la granja

kositi
....
cosechar

žetva
....
la cosecha

jam korijen
....
las batatas

pšenica
....
el trigo

soja
....
la soja

krompir
....
la papa

kukuruz
....
el maíz

uljana repica
....
la semilla de colza

drvo voća
....
el árbol frutal

manioka
....
la mandioca

žito
....
los cereales

kuća
la casa

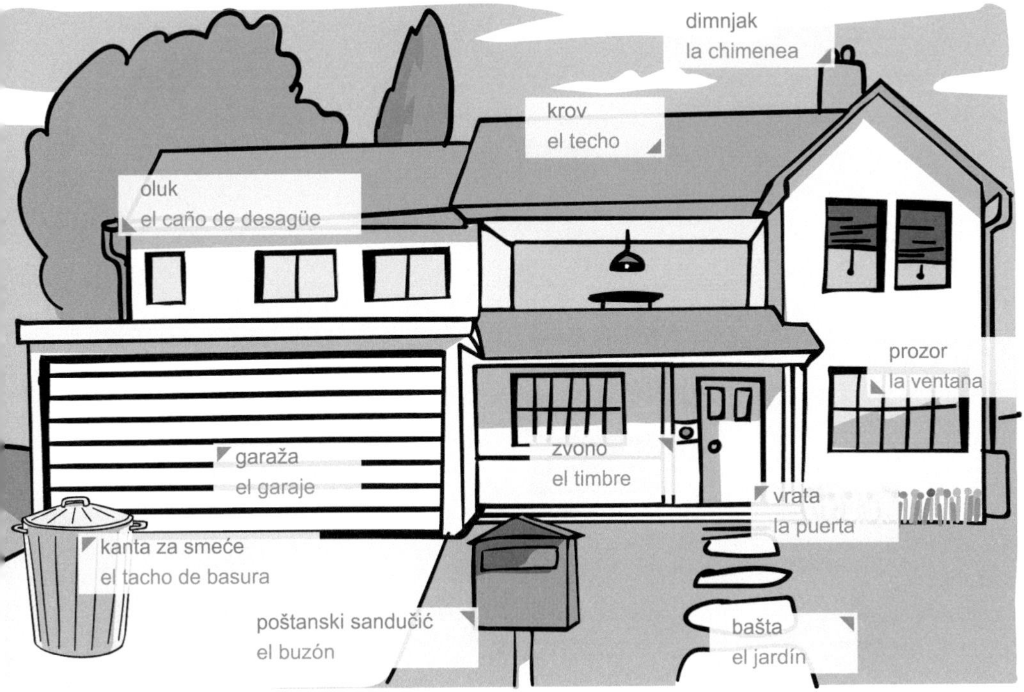

dimnjak
la chimenea
krov
el techo
oluk
el caño de desagüe
prozor
la ventana
garaža
el garaje
zvono
el timbre
vrata
la puerta
kanta za smeće
el tacho de basura
poštanski sandučić
el buzón
bašta
el jardín

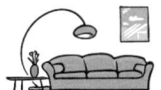

dnevni boravak

el living

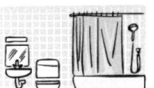

kupatilo

el baño

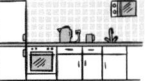

kuhinja

la cocina

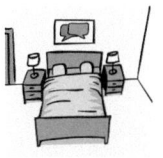

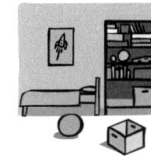

spavaća soba

el dormitorio

dječija soba

el cuarto de los chicos

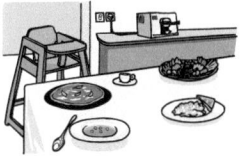

trpezarija

el comedor

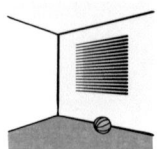

pod, tlo

el piso

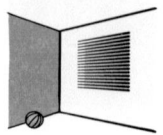

zid

la pared

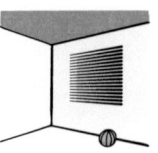

plafon

el cielorraso

podrum

el sótano

sauna

el sauna

balkon

el balcón

terasa

la terraza

bazen

la pileta

kosilica

la cortadora de pasto

posteljina

la sábana

pokrivač

el acolchado

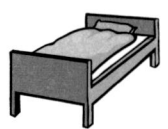

krevet

la cama

metla

la escoba

kanta

el balde

prekidač

el interruptor

dnevni boravak
el living

tapeta
el empapelado
fotografija
la imagen
lampa
la lámpara
polica
el estante
ormar
el armario
televizija
la televisión
dimnjak
la chimenea
cvijet
la flor
jastuk
el almohadón
kauč
el sofá
vaza
el florero
daljinski upravljač
el control remoto

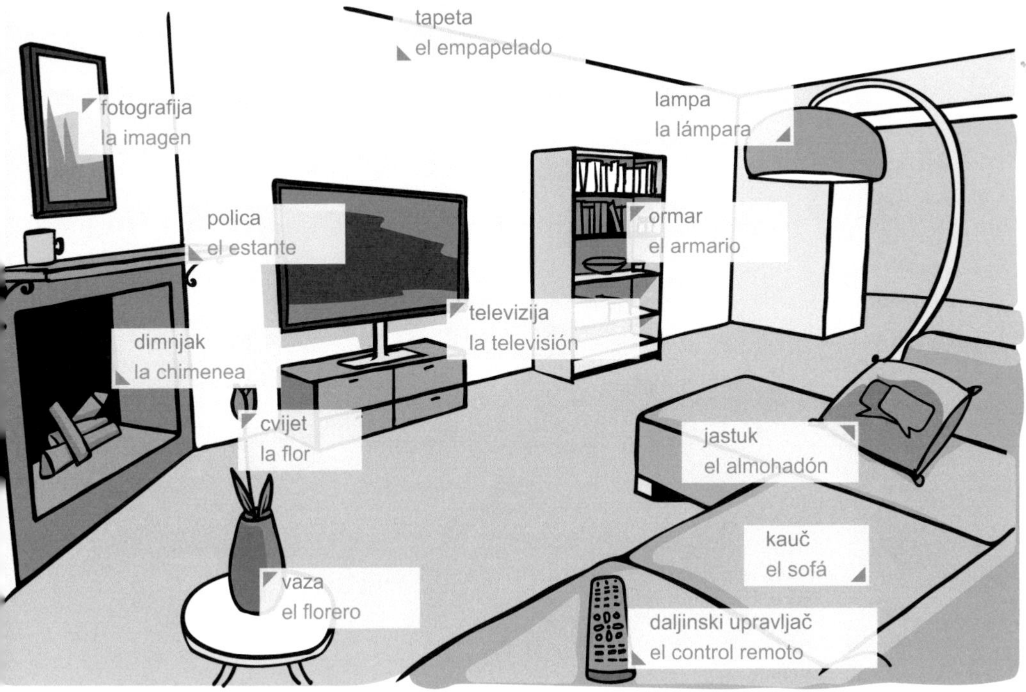

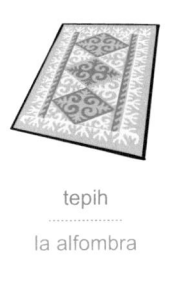

tepih

la alfombra

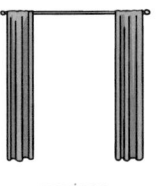

zavjesa

la cortina

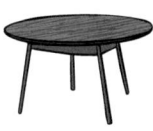

stol

la mesa

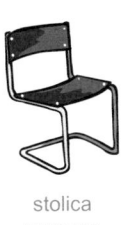

stolica

la silla

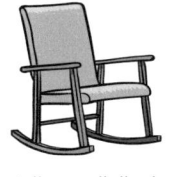

stolica za ljuljanje

la mecedora

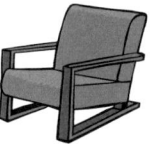

fotelja

el sillón

knjiga

el libro

deka

la frazada

dekoracija

la decoración

ložno drvo

la leña

film

la película

stereo uređaj

el equipo de música

ključ

la llave

novine

el diario

umjetnička slika

la pintura

poster

el póster

radio

la radio

blok za bilješke

el cuaderno

usisavač

la aspiradora

kaktus

el cactus

svijeća

la vela

kuhinja
la cocina

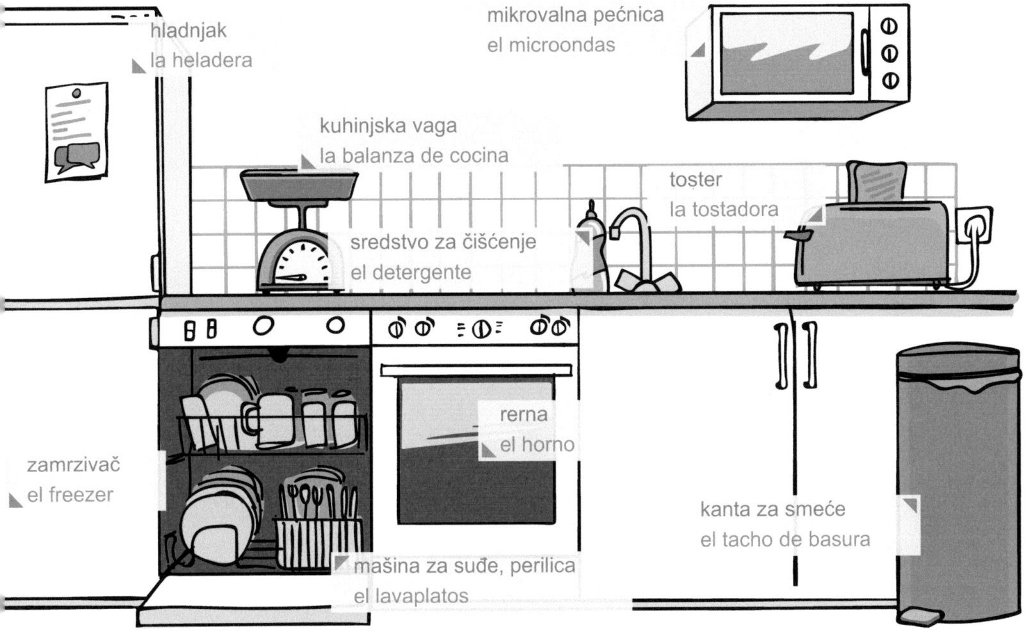
hladnjak
la heladera
mikrovalna pećnica
el microondas
kuhinjska vaga
la balanza de cocina
toster
la tostadora
sredstvo za čišćenje
el detergente
rerna
el horno
zamrzivač
el freezer
kanta za smeće
el tacho de basura
mašina za suđe, perilica
el lavaplatos

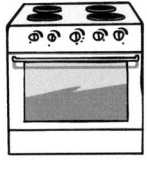

peć

la cocina

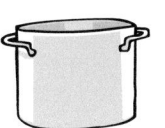

lonac

la olla

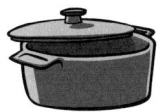

metalni lonac

la olla de hierro fundido

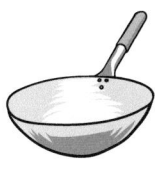

vok / kadai

el wok

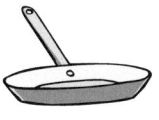

tava, tiganj

la sartén

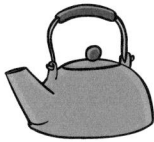

kuhalo

la pava

aparat za kuhanje na pari

la vaporera

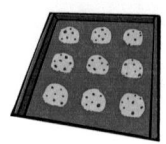

lim za pečenje

la bandeja de horno

posuđe

la vajilla

šalica

la taza

činija

el bol

kineski štapići

los palitos

kutlača

el cucharón

lopatica

la espátula

metlica za snijeg bjelanjca

la batidora

sito za kuhanje

el colador

sito

el colador

ribež

el rallador

avan s tučkom

el mortero

roštilj

la parrilla

ložište

la fogata

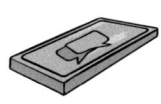

daska

la tabla de picar

oklagija

el palo de amasar

vadičep

el sacacorchos

konzerva

la lata

otvarač za konzerve

el abrelatas

krpe za lonac

la manopla

sudoper

la pileta

četka

el cepillo

spužva

la esponja

mikser

la batidora

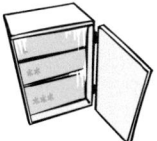

zamrzivač

el congelador

flašica za bebu

la mamadera

slavina

la canilla

kupatilo
el baño

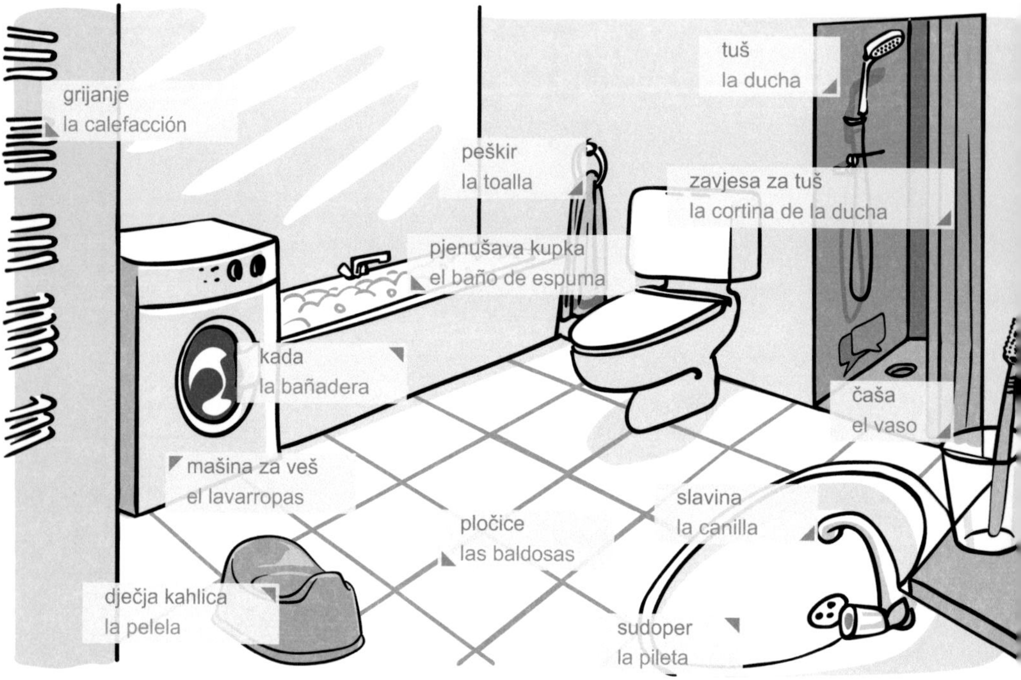

grijanje
la calefacción
tuš
la ducha
peškir
la toalla
zavjesa za tuš
la cortina de la ducha
pjenušava kupka
el baño de espuma
kada
la bañadera
čaša
el vaso
mašina za veš
el lavarropas
slavina
la canilla
pločice
las baldosas
dječja kahlica
la pelela
sudoper
la pileta

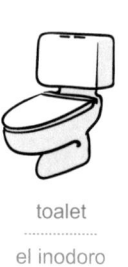

toalet

el inodoro

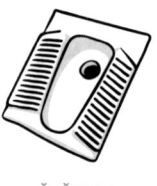

čučavac

la letrina

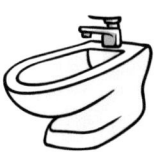

bide

el bidé

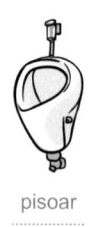

pisoar

el mingitorio

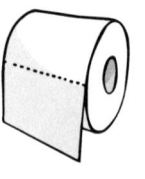

toalet papir

el papel higiénico

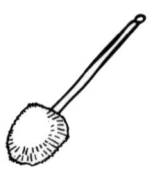

četka za wc

el cepillo para el inodoro

četkica za zube

el cepillo de dientes

pasta za zube

el dentífrico

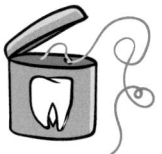

zubni konac

el hilo dental

prati

lavar

tuš

la ducha de mano

intimni tuš

la ducha higiénica

lavor

la palangana

četka za leđa

el cepillo para la espalda

sapun

el jabón

gel za tuširanje

el gel de ducha

šampon

el shampoo

krpe za pranje

la toallita

odvod

el desagüe

krema

la crema

dezodorans

el desodorante

ogledalo

el espejo

ogledalo za šminkanje

el espejito

brijač

la maquinita de afeitar

pjena za brijanje

la espuma de afeitar

vodica poslije brijanja

el aftershave

češalj

el peine

četka

el cepillo

fen

el secador de pelo

sprej za kosu

el spray

puder

el maquillaje

karmin

el lápiz de labios

lak za nokte

el esmalte para uñas

vata

el algodón

makazice za nokte

la tijera para uñas

parfem

el perfume

kozmetička torbica

el portacosméticos

hoklica

la banqueta

vaga

la balanza

kupaći ogrtač

la bata

rukavice za čišćenje

los guantes de goma

tampon

el tampón

uložak za dame

la toallita femenina

hemijski toalet

el baño químico

el cuarto de los chicos

budilnik
el despertador

plišana igračka
el peluche

auto za igru
el coche de juguete

zvečka
el sonajero

kućica za lutke
la casa de muñecas

poklon
el regalo

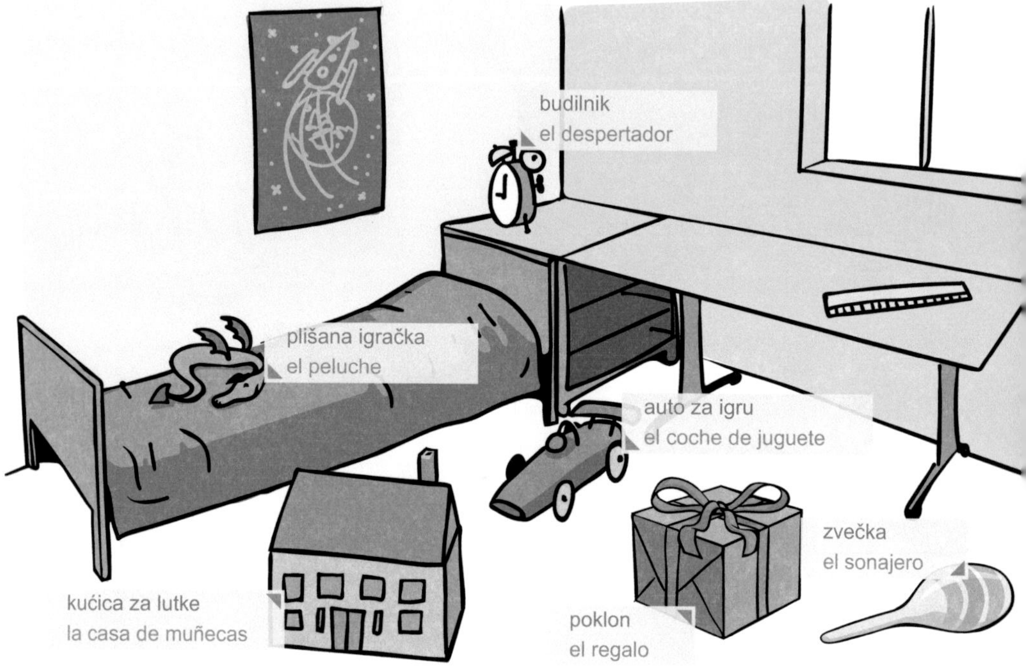

balon

el globo

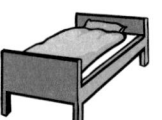

krevet

la cama

kolica za djecu

el cochecito

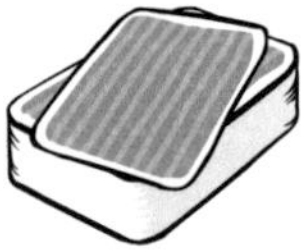

karte za igranje

las cartas

puzle

el rompecabezas

strip

la historieta

lego kockice

las piezas de lego

kockice za gradnju

los ladrillos de juguete

akcione figure

la figura de acción

benkica

el enterito (de bebé)

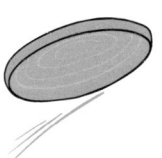

frizbi

el frisbee

mobile

el móvil para bebés

igra na ploči

el juego de mesa

kocka

los dados

miniatura željeznice

el tren eléctrico

cucla

el chupete

zabava

la fiesta

slikovnica

el libro de cuentos ilustrado

lopta

la pelota

lutka

la muñeca

igrati

jugar

pješćanik

el arenero

ljuljačka

la hamaca

igračke

los juguetes

konzola za igru

la consola de videojuegos

triciklo

el triciclo

medvjedić

el osito de peluche

ormar

el armario

odjeća
la ropa

kratke čarape

las medias

čarape

las medias panty

hulahopke

las calzas

šal
la bufanda

kišobran
el paraguas

kaiš
el cinturón

majica kratkih rukava
la remera

čizme
las botas

papuče
las pantuflas

patike
las zapatillas

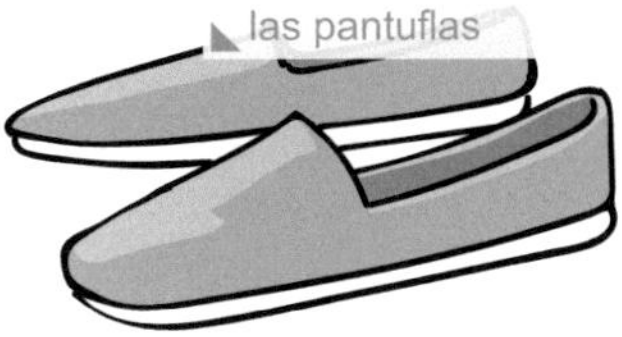

sandale

las sandalias

cipele

los zapatos

gumene čizme

las botas de goma

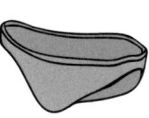

gaće

la ropa interior

grudnjak

el corpiño

potkošulja

el chaleco

bodi

el body

hlače

los pantalones

farmerke

los jeans

suknja

la pollera

bluza

la blusa

košulja

la camisa

džemper

el pulóver

majica

el buzo

sako

el blazer

jakna

la campera

mantil

el tapado

kišni mantil

el piloto

kostim

el traje

haljina

el vestido

vjenčanica

el vestido de novia

odijelo

el traje

spavaćica

el camisón

pidžama

el pijama

sari

el sari

marama

el pañuelo para la cabeza

turban

el turbante

burka

la burka

kaftan

el caftán

abaja

la abaya

kupaći kostim

el traje de baño

kupaće gaće

el short de baño

kratke hlače

los shorts

trenerka

el jogging

pregača

el delantal

rukavice

los guantes

dugme

el botón

naočare

los anteojos

narukvica

la pulsera

ogrlica

el collar

prsten

el anillo

naušnica

el aro

kapa

la gorra

vješalica

la percha

šešir

el sombrero

kravata

la corbata

patentni zatvarač

el cierre

kaciga

el casco

tregeri za hlače

los tiradores

školska uniforma

el uniforme escolar

uniforma

el uniforme

podbradak

el babero

cucla

el chupete

pelene

el pañal

ured
la oficina

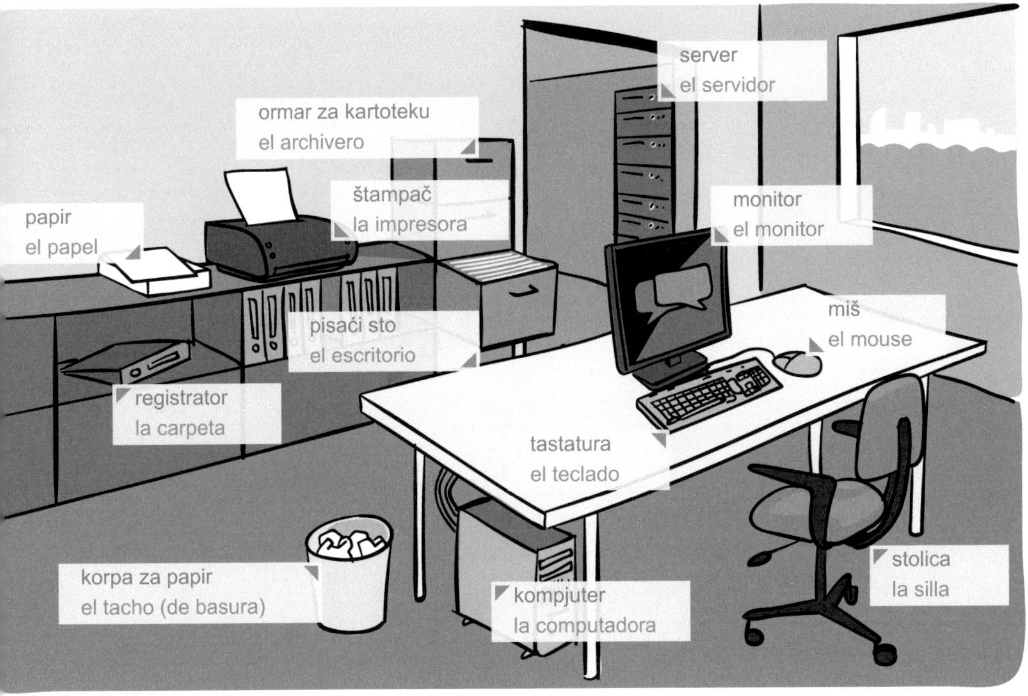

server
el servidor

ormar za kartoteku
el archivero

štampač
la impresora

monitor
el monitor

papir
el papel

pisaći sto
el escritorio

miš
el mouse

registrator
la carpeta

tastatura
el teclado

korpa za papir
el tacho (de basura)

kompjuter
la computadora

stolica
la silla

šolja za kafu

la taza de café

kalkulator

la calculadora

internet

el internet

laptop
la laptop

pismo
la carta

poruka
el mensaje

mobilni telefon
el celular

mreža
la red

aparat za kopiranje
la fotocopiadora

softver
el software

telefon
el teléfono

utičnica
el tomacorriente

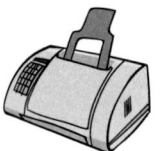

faks
el fax

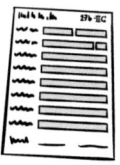

formular
el formulario

dokument
el documento

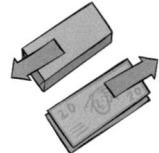

kupovati

comprar

platiti

pagar

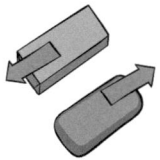

trgovati

hacer negocios

novac

el dinero

dolar

el dólar

euro

el euro

jen

el yen

rublja

el rublo

franak

el franco suizo

renminbi jen

el yuan

rupi

la rupia

bankomat

el cajero automático

mjenjačnica

la casa de cambio

zlato

el oro

srebro

la plata

nafta

el petróleo

energija

la energía

cijena

el precio

ugovor

el contrato

porez

el impuesto

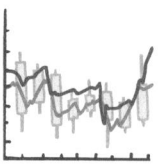

akcija

la acción

raditi

trabajar

službenik

el empleado

poslodavac

el empleador

fabrika

la fábrica

radnja

el negocio

zanimanja
las ocupaciones

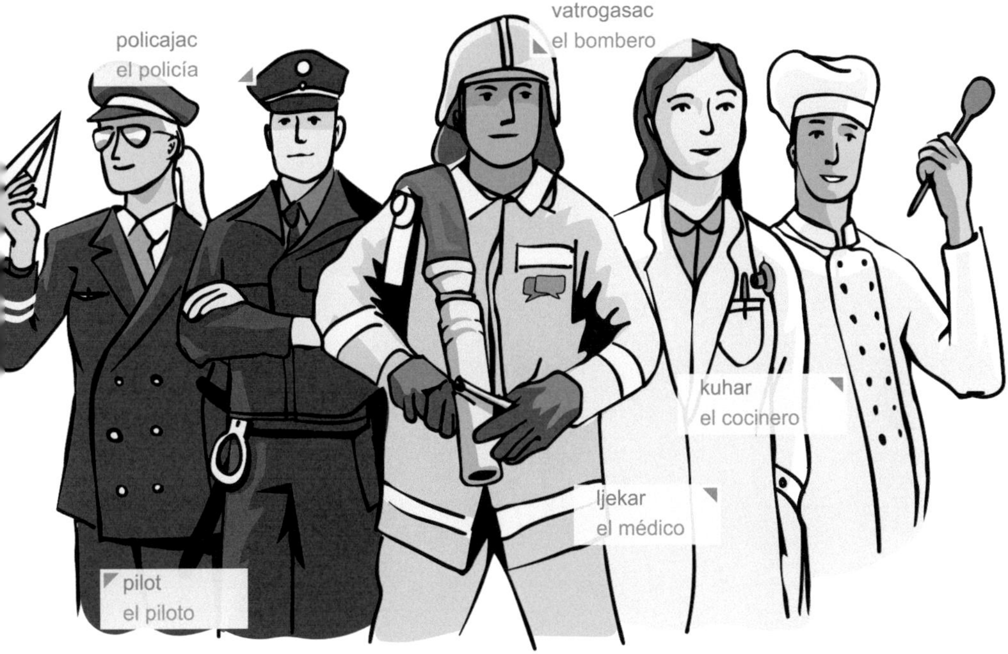

policajac
el policía
vatrogasac
el bombero
kuhar
el cocinero
ljekar
el médico
pilot
el piloto

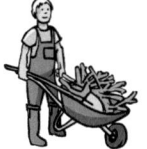

baštovan

el jardinero

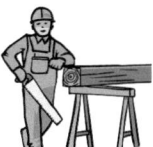

stolar

el carpintero

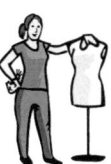

krojačica

la modista

sudija

el juez

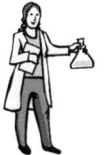

hemičar

el farmacéutico

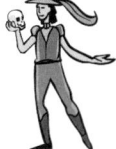

glumac

el actor

vozač autobusa

el colectivero

vozač taksija

el taxista

ribar

el pescador

čistačica

la mucama

krovopokrivač

el techista

konobar

el mozo

lovac

el cazador

moler

el pintor

pekar

el panadero

električar

el electricista

građevinski radnik

el albañil

inženjer

el ingeniero

koljač

el carnicero

limar, vodoinstalater

el plomero

poštar

el cartero

vojnik

el soldado

arhitekta

el arquitecto

blagajnik

el cajero

cvjećar

el florista

frizer

el peluquero

kontrolor

el cobrador

mehaničar

el mecánico

kapiten

el capitán

zubar

el dentista

naučnik

el científico

rabin

el rabino

imam

el imán

monah

el monje

sveštenik

el sacerdote

alat
las herramientas

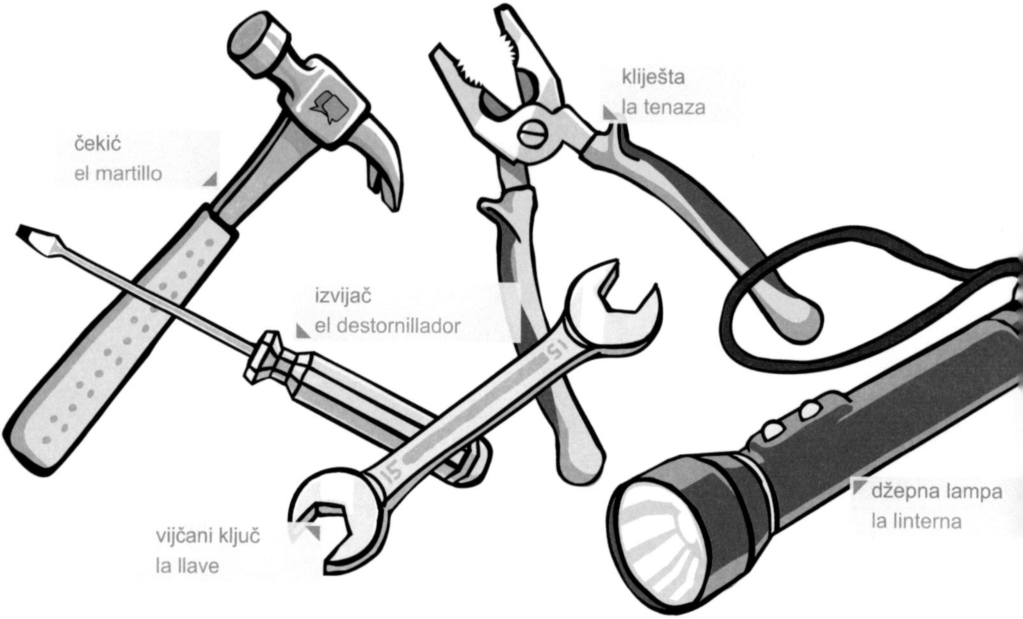
kliješta
la tenaza
čekić
el martillo
izvijač
el destornillador
vijčani ključ
la llave
džepna lampa
la linterna

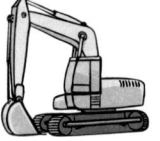

bager

la excavadora

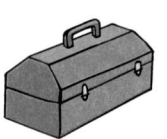

kutija sa alatom

la caja de herramientas

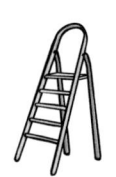

ljestve

la escalera portátil

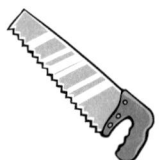

testera, pila

la sierra

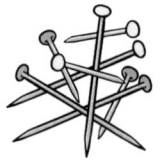

ekser

los clavos

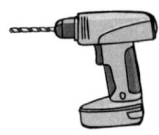

bušilica

el taladro

popraviti

arreglar

lopata

la pala de jardín

sranje!

¡Qué bronca!

lopatica

la pala de plástico

kanta boje

el tacho de pintura

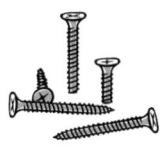

vijak

los tornillos

muzički instrumenti
los instrumentos musicales

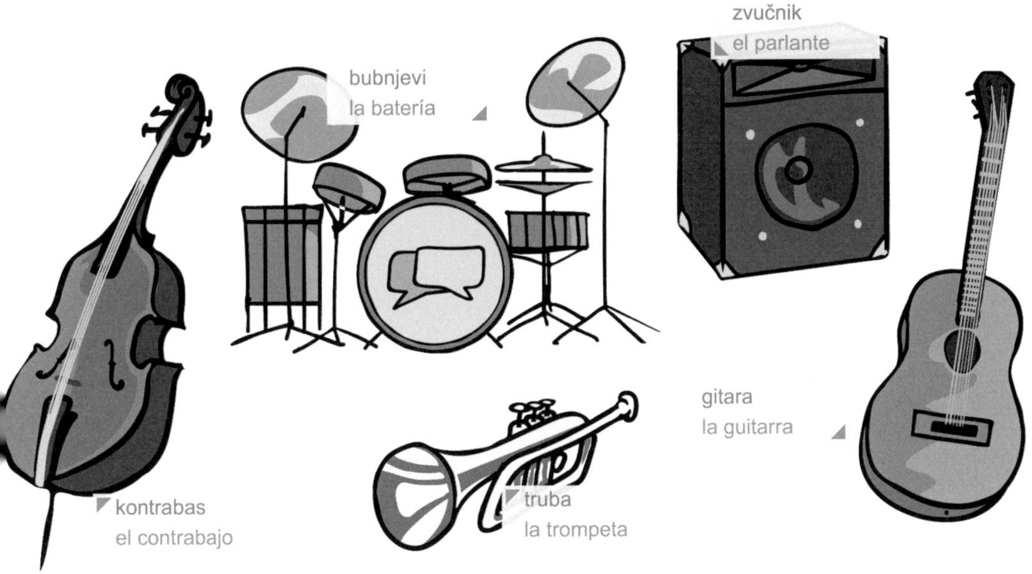

zvučnik
el parlante

bubnjevi
la batería

gitara
la guitarra

kontrabas
el contrabajo

truba
la trompeta

klavir

el piano

violina

el violín

bas

el bajo

bubanj timpani

los timbales

bubanj

el tambor

sintisajzer

el teclado

saksofon

el saxofón

flauta

la flauta

mikrofon

el micrófono

zološki vrt
el zoológico

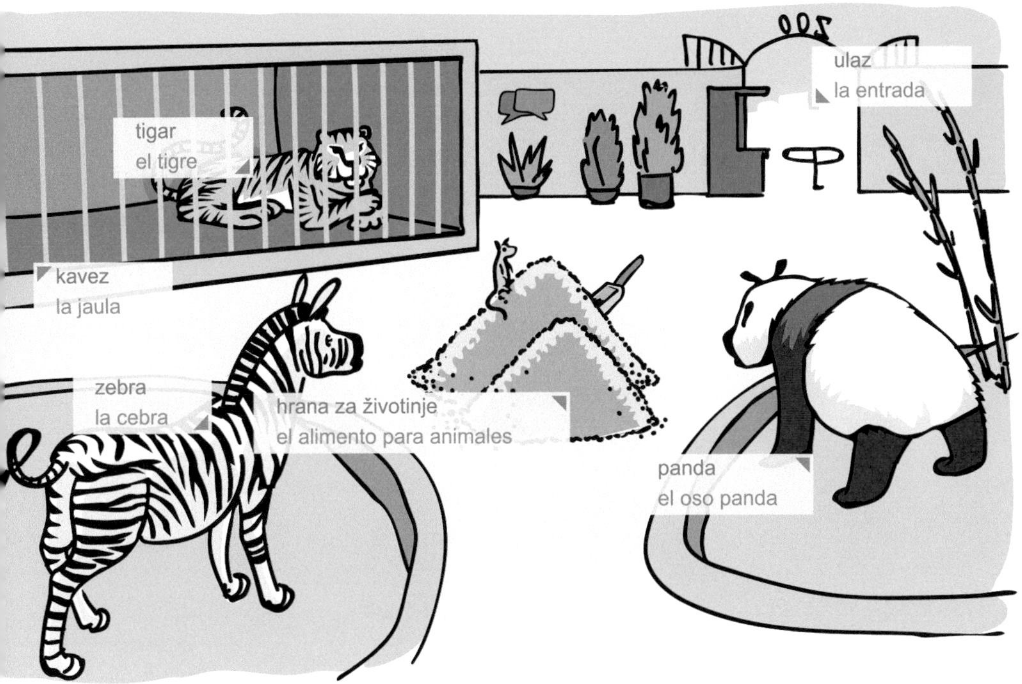

ulaz
la entrada
tigar
el tigre
kavez
la jaula
zebra
la cebra
hrana za životinje
el alimento para animales
panda
el oso panda

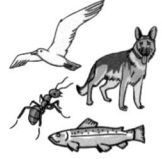

životinje

los animales

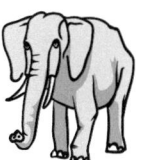

slon

el elefante

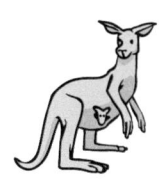

kengur

el canguro

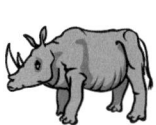

nosorog

el rinoceronte

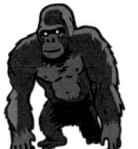

gorila

el gorila

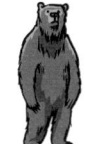

medvjed

el oso

kamila
el camello

noj
el avestruz

lav
el león

majmun
el mono

flamingo
el flamenco

papagaj
el loro

polarni medvjed
el oso polar

pingvin
el pingüino

morski pas
el tiburón

paun
el pavo real

zmija
la serpiente

krokodil
el cocodrilo

čuvar u zološkom vrtu
el cuidador del zoológico

tuljan
la foca

jaguar
el jaguar

poni

el poni

leopard

el leopardo

nilski konj

el hipopótamo

žirafa

la jirafa

orao

el águila

divlja svinja

el jabalí

riba

el pescado

kornjača

la tortuga

morž

la morsa

lisica

el zorro

gazela

la gacela

američki fudbal
el fútbol americano

vožnja bicikla
el ciclismo

tenis
el tenis

košarka
el básquet

plivanje
la natación

boks
el boxeo

hokej na ledu
el hockey sobre hielo

fudbal
el fútbol

bedminton
el bádminton

laka atletika
el atletismo

rukomet
el handball

skijanje
el esquí

polo
el polo

aktivnosti
las actividades

smijati se
reír
skakati
saltar
zagrliti
abrazar
ići
caminar
pjevati
cantar
sanjati
soñar
moliti
rezar
ljubiti
besar

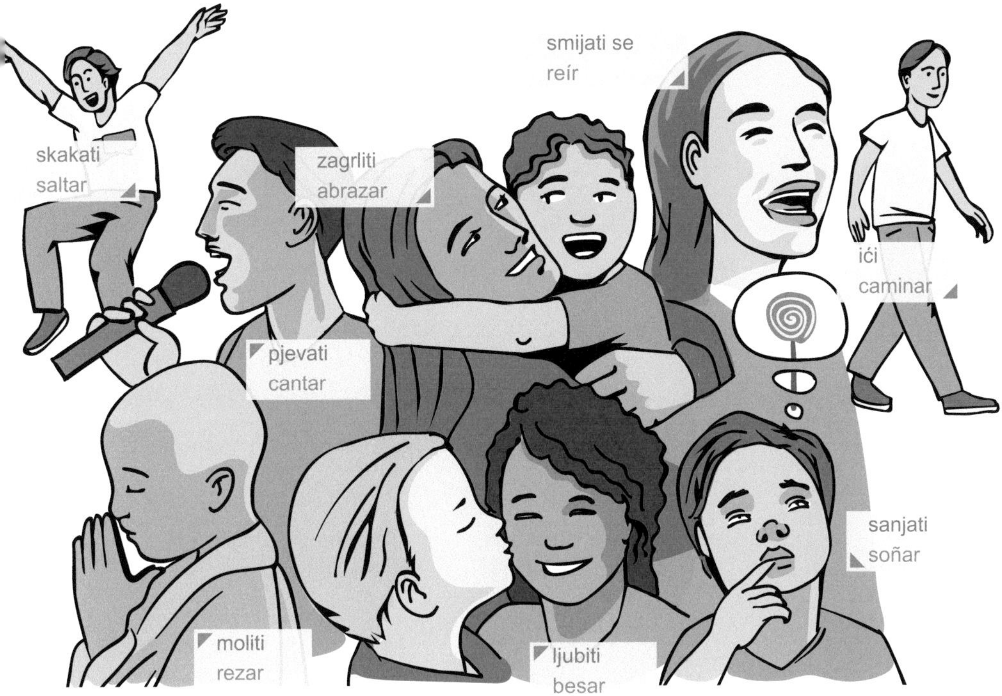

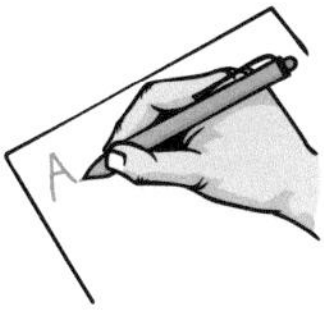

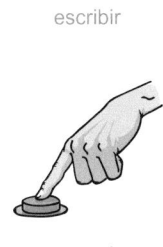

pisati
escribir

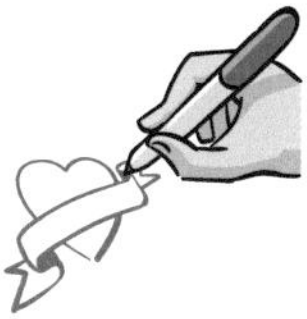

crtati
dibujar

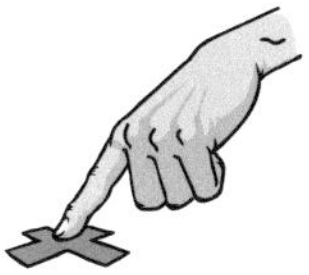

pokazati
mostrar

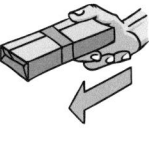

gurati
presionar

dati
dar

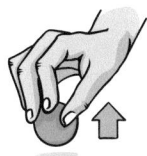

uzeti
tomar

imati

tener

raditi

hacer

biti

ser

stajati

estar parado

trčati

correr

vući

tirar

baciti

tirar

pasti

caer

ležati

estar acostado

čekati

esperar

nositi

llevar

sjediti

estar sentado

obući

vestirse

spavati

dormir

probuditi

despertar

pogledati

mirar

plakati

llorar

milovati

acariciar

češljati

peinar

govoriti

hablar

razumjeti

entender

pitati

preguntar

slušati

escuchar

piti

beber

jesti

comer

pospremiti

ordenar

voljeti

amar

kuhati

cocinar

voziti

manejar

letjeti

volar

aktivnosti - las actividades

jedriti

navegar

računati

calcular

čitati

leer

učiti

aprender

raditi

trabajar

vjenčavti

casarse

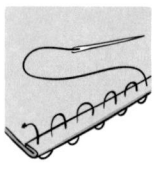

šiti

coser

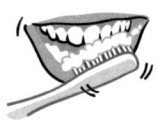

prati zube

cepillarse los dientes

ubiti

matar

pušiti

fumar

slati

enviar

porodica
la familia

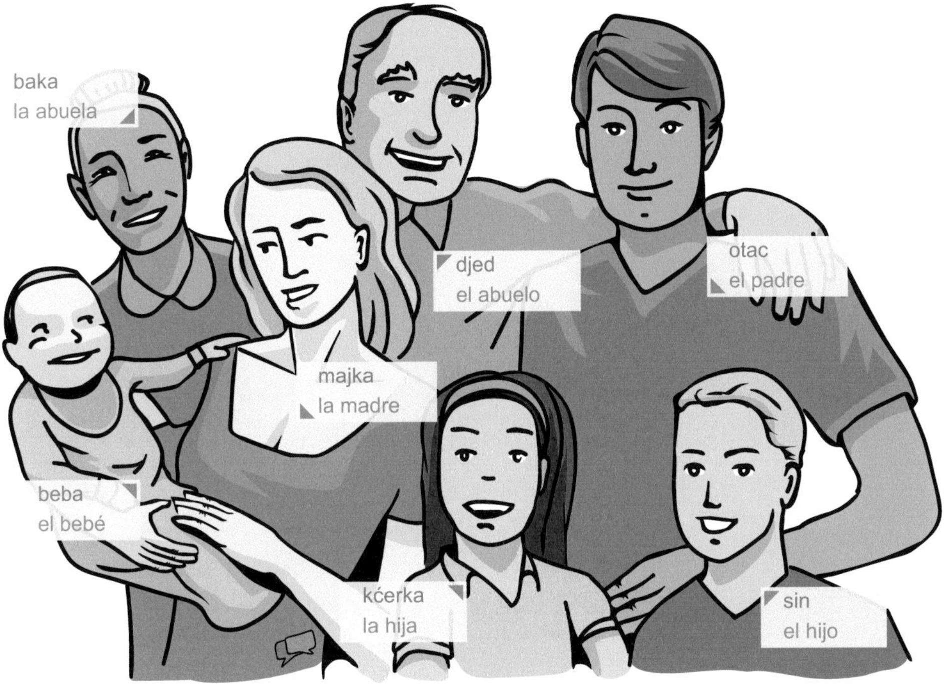
baka
la abuela
djed
el abuelo
otac
el padre
majka
la madre
beba
el bebé
kćerka
la hija
sin
el hijo

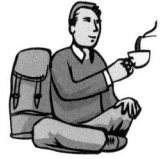

gost

el invitado

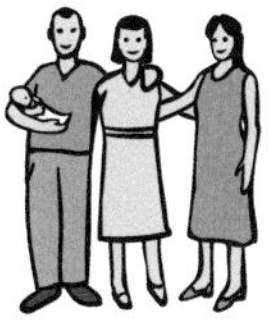

ujna, tetka, strina

la tía

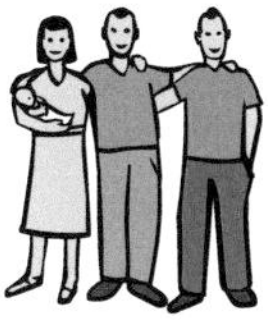

ujak, tetak, stric

el tío

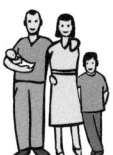

brat

el hermano

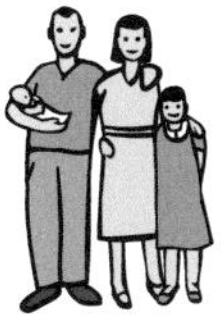

sestra

la hermana

tijelo

el cuerpo

čelo
la frente
oko
el ojo
leđa
el hombro
prst
el dedo
lice
la cara
brada
la pera
ruka, šaka
la mano
noga
la pierna
grudi
el pecho
ruka
el brazo

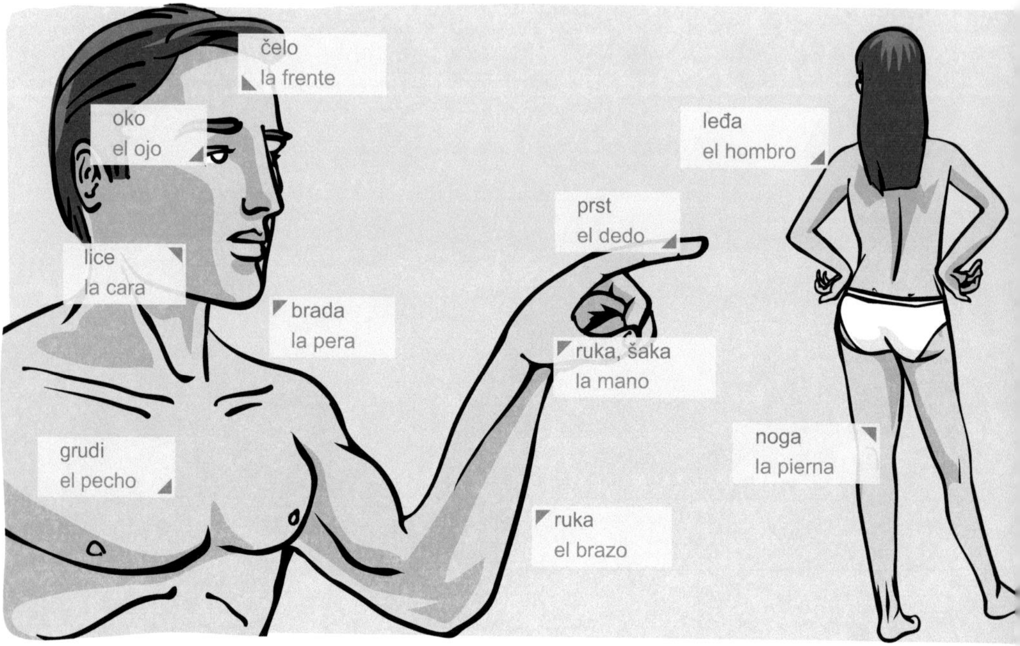

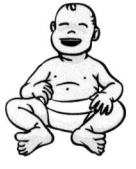

beba

el bebé

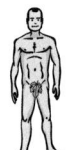

muškarac

el hombre

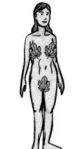

žena

la mujer

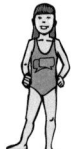

djevojčica

la nena

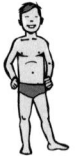

dječak

el nene

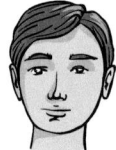

glava

la cabeza

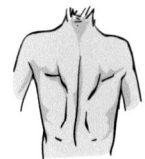

leđa

la espalda

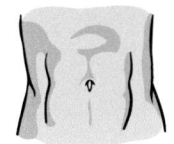

stomak

la panza

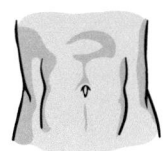

pupak

el ombligo

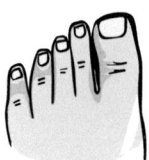

nožni prst

el dedo del pie

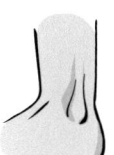

peta

el talón

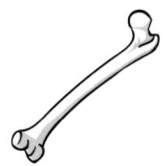

kosti

el hueso

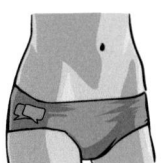

kuk

la cadera

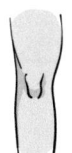

koljeno

la rodilla

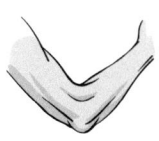

lakat

el codo

nos

la nariz

stražnjica

la cola

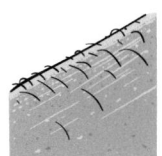

koža

la piel

obraz

el cachete

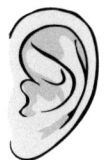

uho

la oreja

usna

el labio

usta

la boca

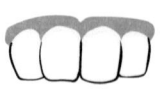

zub

el diente

jezik

la lengua

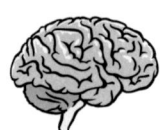

mozak

el cerebro

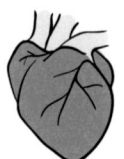

srce

el corazón

mišić

el músculo

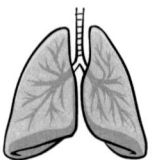

pluća

el pulmón

jetra

el hígado

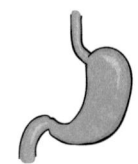

želudac

el estómago

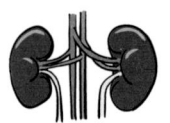

bubreg

los riñones

spolni odnos

el sexo

kondom

el preservativo

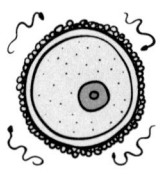

jajna ćelija

el óvulo

sperma

el semen

trudnoća

el embarazo

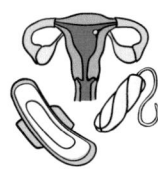

menstruacija

la menstruación

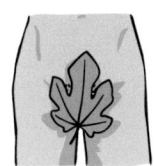

vagina

la vagina

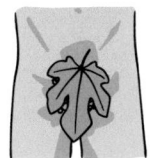

penis

el pene

obrva

la ceja

kosa

el pelo

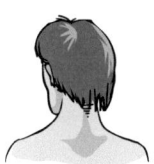

vrat

el cuello

bolnica
el hospital

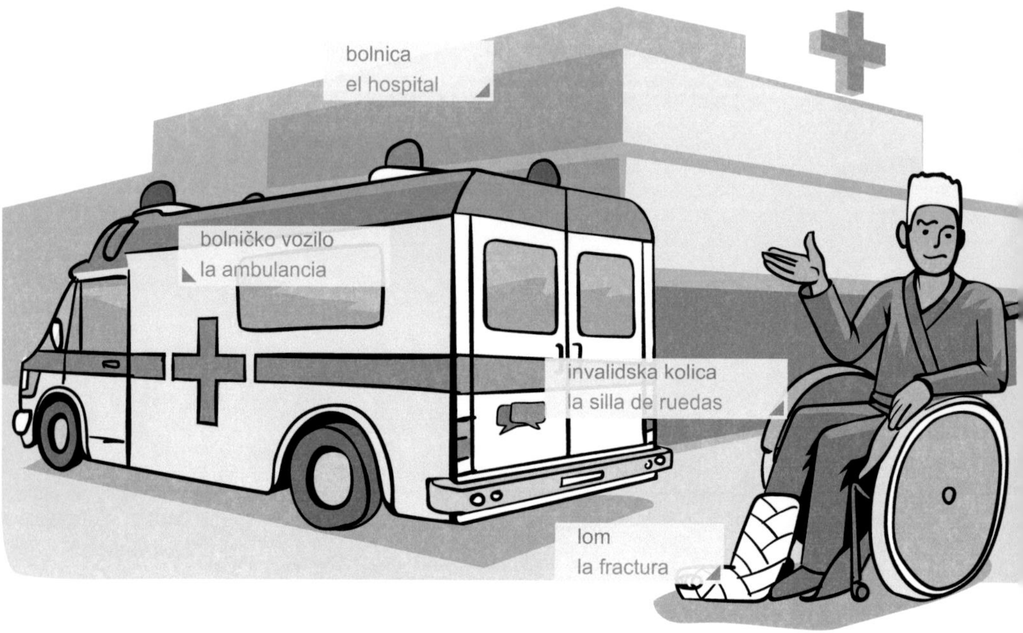

bolnica
el hospital
bolničko vozilo
la ambulancia
invalidska kolica
la silla de ruedas
lom
la fractura

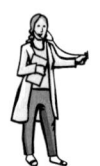

ljekar

el médico

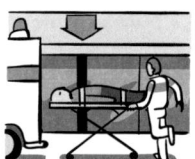

hitna služba

la sala de guardia

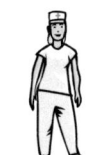

medicinska sestra

la enfermera

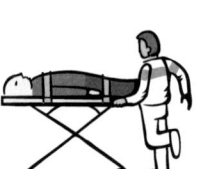

hitna pomoć

la emergencia

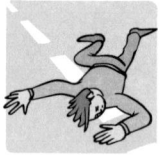

nesvjest

inconsciente

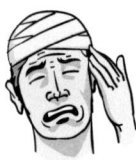

bol

el dolor

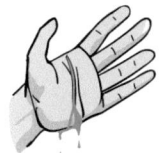

povreda

la lesión

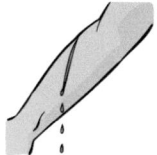

krvarenje

la hemorragia

srčani udar, infarkt

el infarto

moždani udar

el ACV

alergija

la alergia

kašalj

la tos

groznica

la fiebre

gripa

la gripe

proljev

la diarrea

glavobolja

el dolor de cabeza

rak

el cáncer

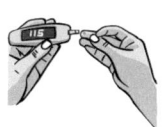

dijabetes

la diabetes

hirurg

el cirujano

skalpel

el bisturí

operacija

la operación

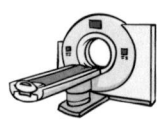

CT

la TC

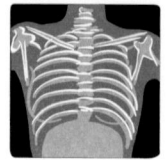

rendgen

los rayos x

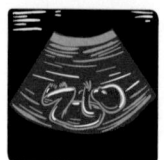

ultrazvuk

la ecografía

maska

el barbijo

bolest

la enfermedad

čekaonica

la sala de espera

štake

la muleta

flaster

la curita

zavoj

la venda

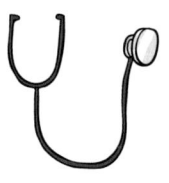

injekcija

la inyección

stetoskop

el estetoscopio

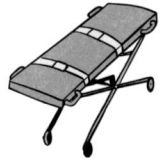

nosilo

la camilla

termometar

el termómetro

porod

el nacimiento

prekomjerna težina, debljina

el sobrepeso

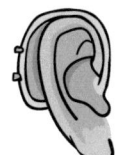

slušni aparat

el audífono

sredstvo za dezinfekciju

el desinfectante

infekcija

la infección

virus

el virus

HIV/ AIDS

el VIH / SIDA

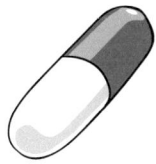

medicina

el remedio

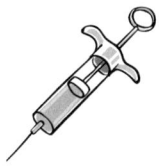

vakcinacija

la vacunación

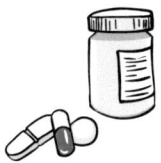

tablete

los comprimidos

pilula

la pastilla anticonceptiva

hitni poziv

la llamada de emergencia

aparat za mjerenje pritiska

el tensiómetro

bolestan / zdrav

enfermo / sano

Upomoć!

¡Ayuda!

alarm

la alarma

napad, prepad

la agresión

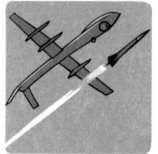

napad

el ataque

opasnost

el peligro

izlaz u slučaju opasnosti

la salida de emergencia

Požar!

¡Fuego!

vatrogasni aparat

el matafuego

nezgoda

el accidente

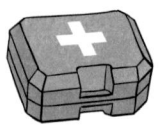

torba prve pomoći

el botiquín de primeros
auxilios

SOS

el SOS

policija

la policía

Europa

Europa

Sjeverna Amerika

América del Norte

Južna Amerika

América del Sur

Afrika

África

Azija

Asia

Australija

Australia

Atlantik

el Atlántico

Pacifik

el Pacífico

Indijski okean

el Océano Índico

Antarktički okean

el Océano Antártico

Arktički okean

el Océano Ártico

Sjeverni pol

el polo norte

Južni pol

el polo sur

Antarktik

la Antártida

Zemlja

la Tierra

zemlja

la tierra

more

el mar

ostrvo

la isla

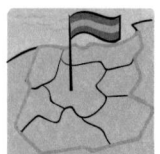

nacija

la nación

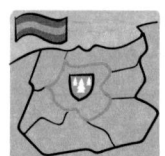

država

el estado

brojčanik sata

la esfera

kazaljka sata

la manecilla de las horas

kazaljka minute

el minutero

kazaljka sekunde

el segundero

Koliko je sati?

¿Qué hora es?

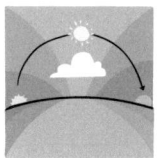

dan

el día

vrijeme

la hora

sada

ahora

digitalni sat

el reloj digital

minuta

el minuto

sat

la hora

ponedjeljak
lunes

srijeda
miércoles

petak
viernes

utorak
martes

četvrtak
jueves

subota
sábado

nedjelja
domingo

juče
ayer

danas
hoy

sutra
mañana

jutro
la mañana

podne
el mediodía

veče
la tarde

radni dani
los días hábiles

vikend
el fin de semana

kiša
la lluvia

duga
el arco iris

snijeg
la nieve

vjetar
el viento

proljeće
la primavera

jesen
el otoño

ljeto
el verano

zima
el invierno

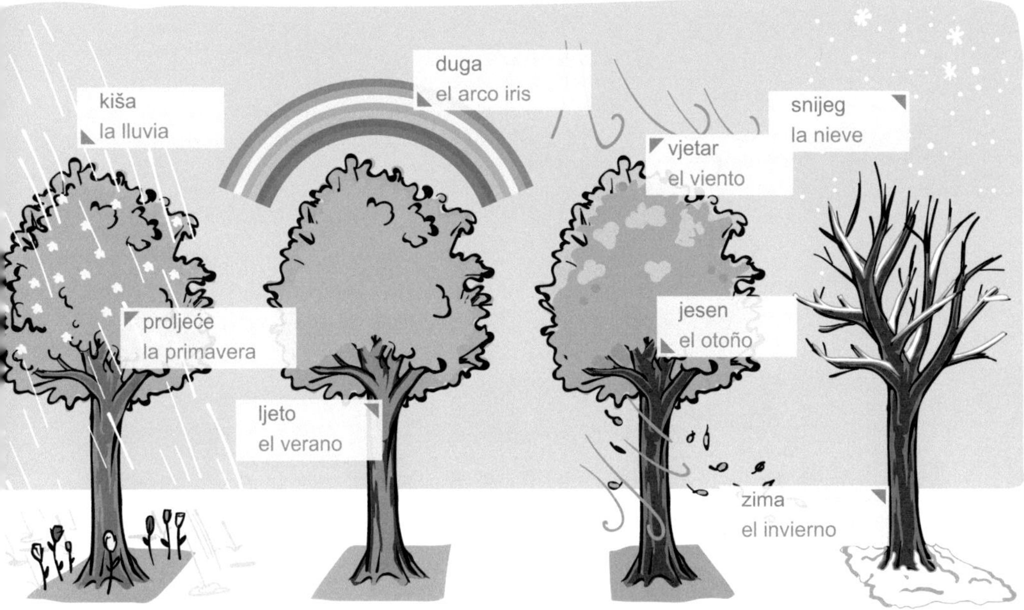

prognoza vremena

el pronóstico meteorológico

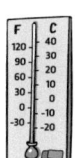

termometar

el termómetro

sunčev sjaj

la luz del sol

oblak

la nube

magla

la niebla

vlažnost vazduha

la humedad

munja

el rayo

grom

el trueno

oluja

la tormenta

tuča, led

el granizo

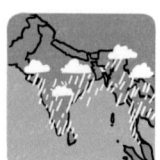

monsun

el monzón

poplava

la inundación

led

el hielo

januar

enero

februar

febrero

mart

marzo

april

abril

maj

mayo

juni

junio

juli

julio

avgust

agosto

septembar
....
septiembre

oktobar
....
octubre

novembar
....
noviembre

decembar
....
diciembre

oblici

las formas

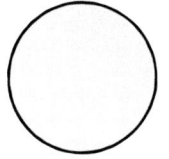

krug
....
el círculo

kvadrat
....
el cuadrado

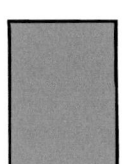

pravougao
....
el rectángulo

trougao
....
el triángulo

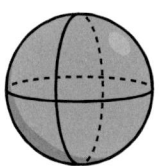

kugla
....
la esfera

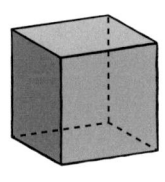

kocka
....
el cubo

bjel

blanco

žut

amarillo

narandžast

naranja

pink

rosa

crven

rojo

ljubičast

violeta

plav

azul

zelen

verde

smeđ

marrón

siv

gris

crn

negro

malo / mnogo

mucho / poco

ljutit / miran

enojado / tranquilo

lijep / ružan

lindo / feo

početak / kraj

el principio / el fin

veliki / mali

grande / chico

svijetlo / tamno

claro / oscuro

brat / sestra

el hermano / la hermana

čist / prljav

limpio / sucio

potpun / nepotpun

completo / incompleto

dan / noć

el día / la noche

mrtav / živ

muerto / vivo

široko / usko

ancho / angosto

ukusno / neukusno

comestible / no comestible

zao / prijatan

malo / amable

uzbuđen / dosadan

entusiasmado / aburrido

debeo / mršav

gordo / flaco

najprije / najkasnije

primero / último

prijatelj / neprijatelj

el amigo / el enemigo

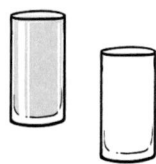

pun / prazan

lleno / vacío

trvd / mekan

duro / blando

težak / lagan

pesado / liviano

glad / žeđ

el hambre / la sed

bolestan / zdrav

enfermo / sano

ilegalan / legalan

ilegal / legal

inteligentan / glup

inteligente / estúpido

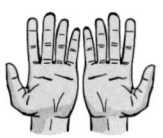

lijevo / desno

izquierda / derecha

blizu / daleko

cerca / lejos

nov / polovan

nuevo / usado

ništa / nešto

nada / algo

star / mlad

viejo / joven

uključeno / isključeno

encendido / apagado

otvoreno / zatvoreno

abierto / cerrado

tiho / glasno

silencioso / ruidoso

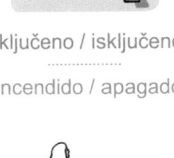

bogat / siromašan

rico / pobre

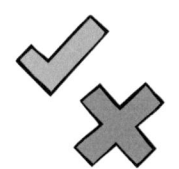

tačno / pogrešno

correcto / incorrecto

hrapav / glatak

áspero / suave

tužan / srećan

triste / contento

kratak / dug

corto / largo

spor / brz

lento / rápido

mokro / suho

mojado / seco

toplo / hladno

caliente / frío

rat / mir

guerra / paz

0

nula

cero

1

jedan

uno

2

dva

dos

3

tri

tres

4

četiri

cuatro

5

pet

cinco

6

šest

seis

7

sedam

siete

8

osam

ocho

9

devet

nueve

10

deset

diez

11

jedanaest

once

12

dvanaest

doce

13

trinaest

trece

14

četrnaest

catorce

15

petnaest

quince

16

šesnaest

dieciséis

17

sedamnaest

diecisiete

18

osamnaest

dieciocho

19

devetnaest

diecinueve

20

dvadeset

veinte

100

sto

cien

1.000

hiljada

mil

1.000.000

milion

el millón

engleski

el inglés

američki engleski

el inglés americano

kinesko mandarinski

el chino mandarín

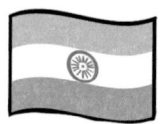

hindi

el hindi

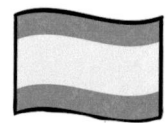

španski

el español

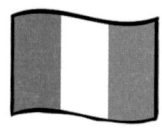

francuski

el francés

arapski

el árabe

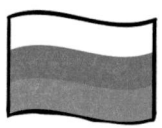

ruski

el ruso

portugalski

el portugués

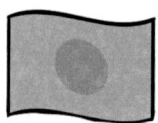

bengalski

el bengalí

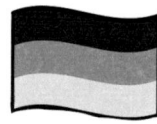

njemački

el alemán

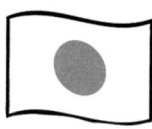

japanski

el japonés

ja

yo

ti

vos

on / ona / ono

él / ella

mi

nosotros

vi

ustedes

oni

ellos

ko?

¿quién?

šta?

¿qué?

kako?

¿cómo?

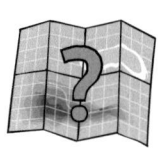

gdje?

¿dónde?

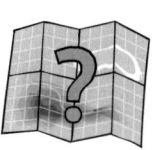

kada?

¿cuándo?

ime

el nombre

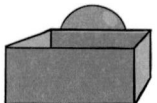

iza

detrás

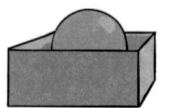

u

en

pred

adelante de

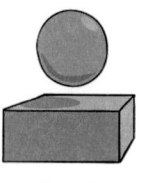

iznad

por encima de

na

sobre

ispod

debajo de

pored

al lado de

između

entre

mjesto

el lugar